NOTICE

sur

Nicolas-Joseph RUYSSEN.

NOTICE

SUR

Nicolas-Joseph RUYSSEN,

PAR

ROUZIÈRE AÎNÉ.

Ouvrage couronné.

LILLE.

IMPRIMERIE DE LEFEBVRE-DUCROCQ, PLACE DU THÉATRE.

1851

NOTICE

sur

Nicolas-Joseph RUYSSEN.

Nascitur, ut vates, naturæ munere pictor.

Si Pont-à-marcq a vu naître Roland, le sculpteur dont la Flandre s'honore, et dont un éloge récent a si bien fait ressortir le mérite, le village de Morbecque a vu éclore un dessinateur aussi célèbre par son talent que par ses vertus.

Le but que je me propose dans cette notice est de retracer de sa vie les traits les plus saillants qui peuvent le faire connaître, tant comme maître en son art que comme ami dévoué et reconnaissant, soit envers son bienfaiteur, soit pour le ciel, qui l'a guidé dans sa belle carrière.

Vers l'année 1770, de jeunes enfants d'Hazebrouck, fatigués de jouer sur les bords du ruisseau de la Bourre dont les sinueux contours conduisent jusqu'à la Lys, s'acheminaient gaîment en longeant la forêt de Nieppe vers le village de Morbecque.

Le château du seigneur, situé sur la grande route, attirait nos jeunes aventuriers ; une verte pelouse émaillée de mille fleurs était propice pour y gambader, des bois touffus répandant au loin leur ombre les protégeaient après leurs ébats des ardeurs du soleil, et puis, les portes du château étaient si bien peintes, un vernis reluisant invitait nos jeunes enfants à y crayonner leurs lignes informes, les domestiques du château étaient si burlesquement en colère de les voir ainsi barbouillées de blanc, que nos jeunes gamins ne manquaient jamais, dans leurs excursions au village de Morbecque de laisser de leurs œuvres sur les portes du Châtelain-Montmorenci.

Il advint qu'un jour, le général, prince de Robecq, frère du seigneur de Morbecque, chez qui il venait passer son quartier de rafraîchissement, humant l'air frais sur le balcon du château, aperçut nos jeunes étourdis qui crayonnaient à qui mieux mieux sur les portes de la remise du manoir seigneurial.

Voulant se faire justice de ces espiègles, il dresse son plan de campagne et ordonne à ses gens de s'emparer de toutes les issues. Les portes fermées, les domestiques s'élancent à leur poursuite et les enfants de détaler avec la plus grande vitesse : ils courent sur les vertes pelouses comme un vaisseau fend les eaux du vaste Océan ; mais s'il n'y laisse point de traces, les pieds de nos espiègles moins heureux forment un sillon accusateur qui redouble l'ardeur de ceux qui les poursuivent.

Non seulement l'herbe fanée par leur passage tombe çà et là en attendant d'aspirer la rosée pour redresser ses tiges, mais les taillis sont percés, les carrés piétinés, les plantes foulées, les fleurs écrasées, d'autres détachées de leurs tiges orgueilleuses qui naguère montraient leurs corolles resplendissantes, ne sont plus que des cadavres jonchés, attestant les ravages de nos jeunes étourdis et aggravant encore par ce vandalisme horticole leurs coupables déprédations.

Plus ils faisaient des dégâts, plus les gens du château s'acharnaient à leur poursuite. Enfin, harassés, ne pouvant plus soutenir cette course désordonnée, ils se laissent prendre et conduire devant le prince pour y subir un juste châtiment.

M. de Robecq, homme d'un esprit éclairé et d'un naturel fort doux, avait l'âme élevée. La bonté de son cœur répondait aux nobles sentiments qu'elle lui inspirait. Son goût pour les arts était très prononcé, il les cultivait avec amour. Juste appréciateur du mérite, il le recherchait et ne lui faisait point défaut. Bon par nature et sévère par état, les domestiques savaient par expérience combien il était agréable pour eux de lui plaire, et comment il savait punir la désobéissance ou le mauvais vouloir. Aussi, lorsqu'ils virent le prince, les yeux fixés sur la porte de la remise, examiner attentivement le corps du délit, en supputer toutes les lignes et contempler ces barbouillages sans pouvoir en détacher ses yeux, ils ne doutèrent point que les enfants qu'ils traînaient devant lui ne fussent sévèrement punis.

Voici ces jeunes vauriens que nous vous amenons, Monseigneur, dit un des domestiques du château à M. de Robecq qui se retournant sur eux, jette un coup d'œil scrutateur sur ces jeunes enfants et leur demande, en fixant son doigt sur une madone crayonnée sur la porte : Lequel de vous, enfants, a dessiné cette Vierge? et tous de répondre : Ce n'est pas moi. Il ne vous sera fait aucun mal, leur dit M. le prince, si vous voulez dire la vérité. Bien vrai, Monseigneur? se mit à exclamer un espiègle. Eh bien, c'est Nicolas!

M. de Robecq se retourne vers l'enfant qu'on lui désignait sous ce nom, qui, tout confus et rouge de honte, balbutie quelques excuses que les gens du château ont bien soin de ne pas accepter et excitent au contraire le prince à sévir contre le délinquant.

Mais quel fut leur étonnement, lorsque M. de Robecq passant la main tout doucement sur la joue du petit bonhomme, le félicite sur son habileté à manier la craie et lui demande s'il veut apprendre le dessin.

Nicolas, pour le coup ne devint plus rouge de honte, mais il le fut de plaisir! Il répondit au digne seigneur qu'il ne demandait pas mieux. Eh bien, enfant, je te servirai de maître; tu viendras tous les jours au château, je te donnerai des crayons et du papier et je t'apprendrai à dessiner. (*)

Cet enfant était Nicolas-Joseph Ruyssen, fils de jardinier, né à Hazebrouck, le 17 mars 1757, qui plus tard devint peintre d'histoire, professeur de dessin des princesses filles de George III, fondateur du couvent de la Trappe au Mont des Kattes.

M. de Robecq avait reconnu dans ces lignes tracées un talent qui se révélait.

Mais poursuivons notre narration.

Le jeune Nicolas avait ébauché sur la porte de la remise une de ces vierges sculptées que l'on aperçoit dans le pays flamand à tous les carrefours des bois. C'était celle qui était appendue sur un arbre de l'avenue du château et que le prince avait trop souvent remarquée pour se méprendre sur l'exactitude du dessin.

L'enfant, enchanté de la bonne opinion qu'on avait conçue de sa personne, accepte avec bonheur sa bonne fortune; il ne manqua jamais aux heures du travail, ses progrès furent ra-

---

(*) Cette version m'a été racontée par madame Carré, sœur de Ruyssen; il n'est pas probable que le fils d'un jardinier fut gardeur de vaches ; d'ailleurs sa famille le dénie.

pides et répondirent dignement aux soins que son protecteur lui prodigua.

Le prince abandonna quelque temps après le château de son frère en promettant sa protection au jeune paysan qui lui avait procuré une distraction bien attrayante pour un ami des arts.

Il ne songea bientôt plus à son élève, mais l'âme de Ruyssen le conserva dans son souvenir et le plaça bien avant dans son cœur.

Les leçons de M. de Robecq ne furent point stériles. Ruyssen électrisé ne cessa de travailler chez lui ; autrefois il traçait sur le sable des allées du jardin de son père ses dessins incorrects, mais que sa main, quoique inexpérimentée, rendait instinctivement d'une manière satisfaisante ; maintenant son crayon se promenait sur le papier en créant d'après les règles de l'art des personnages qui étonnaient par la précision des contours et par la fermeté du crayon.

M. Thomassin de Saint-Omer, propriétaire des biens occupés par le père de Ruyssen, dans une visite qu'il fit à la ferme, le surprit occupé à peindre une Madeleine patrone des jardiniers. On voyait la sainte pécheresse cueillant une fleur d'oranger ; le bon pasteur, appuyé sur une bêche, lui souriait affectueusement, (ce tableau est encore chez un membre de la famille). M. Thomassin, frappé de ces dispositions, engagea le père à le placer à l'école de dessin de Saint-Omer dont il lui facilita l'entrée.

Ses progrès y furent rapides. Après avoir remporté le premier prix d'académie à cette école (c'était en 1775), le cœur reconnaissant du jeune Ruyssen se rappela qu'il devait ce premier succès à son noble protecteur, M. le prince de Robecq ; il lui en fit hommage.

C'était un Christ mourant sur la croix.

Ruyssen avait senti que la douleur d'un Dieu fait homme

ne pouvait point s'exprimer comme une douleur purement matérielle. On voyait cette noble tête pénétrée douloureusement ; elle semblait plutôt souffrir de la perversité humaine que des plaies du corps. Une expressiou divine de tendresse pour l'humanité rayonnait à travers cette souffrance : c'était l'agonie d'un Dieu et non d'un homme.

M. de Robecq accueillit avec faveur ce premier succès de son jeune protégé ; dès ce moment il se déclara son Mécène, le fit venir à Paris, et le reçut généreusement dans son hôtel Ce fut sous cet égide qu'il travailla avec une ardeur sans égale pendant six années dans l'atelier du peintre Simon.

Il se lia d'une étroite amitié, à l'hôtel de Robecq, avec M. de la Basèque, jeune officier des chevau-légers, aide-de-camp du prince et son parent à la mode de Bretagne.

Ce jeune aide-de-camp, doué des plus belles qualités, sut lui inspirer un de ces attachements qui ne finissent qu'avec la vie. Nous le retrouverons pour lui à la fin de sa carrière comme il nous apparaît à l'aurore de son entrée dans le monde.

Ruyssen répondit dignement à la sollicitude de l'auguste protecteur qui l'avait si bien jugé.

Au bout de ces six années il obtint le grand prix de Rome; le prince, heureux de voir s'épanouir le jeune talent qu'il avait vu éclore, lui assigna une pension de douze cents livres. Il partit le 6 octobre 1784 pour cette capitale du monde chrétien et artistique avec cet enthousiasme et cette foi vive qui convient à toute jeune intelligence qui croit aller à la conquête d'une célébrité.

En effet, nous le voyons, dans son journal de voyage dont je dois la connaissance à M. Ruyssen l'avoué, son neveu, retracer sur son album tous les sites et les monuments remarquables qu'il rencontre sur son passage.

A Sens, il est enthousiasmé de l'œuvre de Coustou, il en décrit tous les détails avec une naïveté piquante dans son baragouin flamand. Il ne laisse rien ignorer à son lecteur, il nous apprend qu'à Châlons il a admiré le chœur de l'église, dont le fond est orné d'un tableau de la Résurrection de Carle Vanloo. A Cluny, il est émerveillé de l'abbaye, mais il se désole de ne pouvoir admirer le monument élevé à Turenne pour y renfermer son cœur.

Nous ne l'accompagnerons point ainsi jusques à Rome où il arriva le 26 novembre après 50 jours de marche.

Laissons le dans la ville éternelle, vivre de la vie d'artiste; laissons-le jouir tout à son aise de cette contemplation du beau et de cette préoccupation incessante de création. L'artiste qui possède le feu sacré du génie de son art, n'a qu'un but : c'est de s'immortaliser en créant. Il peut se tromper de chemin pour arriver à l'immortalité, mais il n'en est pas moins vrai qu'il ne travaille que pour l'acquérir ; l'intérêt le domine peu, il se passionne pour la gloire et ne vit que pour elle.

Ces idées lui restent tant que la fumée de son orgueil aveugle ses yeux. Mais ils se dessillent bientôt au contact de la vie réelle; le besoin de chaque jour se fait sentir, le jugement de ceux qui admirent ou critiquent son œuvre l'éclaire ; il voit la vie telle qu'elle est, avec tous ses besoins ; ses exigences l'aiguillonnent, la raison reprenant peu à peu son empire. Encouragé par d'honorables rénumérations, l'artiste finit par devenir positif. C'est du moins ce que nous voyons de nos jours ; le vrai mérite perce et sait acquérir une honorable position dans la vie sociale.

C'est ce qu'a fait Nicolas Ruyssen ; mais n'anticipons pas sur l'avenir. Il est à Rome pour se perfectionner dans le dessin, y étudier le coloris, l'harmonie et l'expression des passions; le génie seul de son art lui permettra de faire un juste emploi de toutes ces choses.

Le jeune artiste s'adonna tout entier à ses études ; il ne fréquentait que des hommes studieux dont le mérite incontesté lui est maintenant un titre de plus.

Il connut à Rome notre Wicar, qu'il serait superflu de qualifier dans cette enceinte remplie de ses œuvres et de ses richesses artistiques, dont il a si noblement doté sa ville natale, et M. Fontaine l'architecte, qui occupe une si grande place dans l'histoire des arts du règne qui vient de s'écouler.

Ce fut aussi dans la Via felice que j'ai ouï dire qu'il connut le célèbre Flaxman, sculpteur aussi renommé que mouleur et dessinateur habile, dont le génie à Rome, dominait sans le savoir, toute son époque; il s'occupait alors de ces célèbres illustrations de Dante, qu'Hope sollicita avec tant d'ardeur et que Piroli a gravées avec un talent si remarquable.

Ces dessins, sublimes d'exécution, étaient faits avec une prestesse surprenante; tous les artistes allaient admirer ce faire qui appartient seul au génie et dont la médiocrité peut bien médire, parce qu'elle n'aime point à rendre hommage aux qualités, mais qu'elle ne peut atteindre. Tel n'était pas Ruyssen.

Ce jeune paysan flamand, aux manières gauches, mais au cœur droit, savait sentir dignement. J'ai sous les yeux un de ses portraits peint à cette époque par un peintre allemand qui n'est pas sans mérite, qui nous le représente à l'âge de 25 ans. Il porte un large chapeau blanc. Ses cheveux noirs, disposés agréablement sur les côtés, découvrent un front plissé déjà par la méditation; ses yeux noirs semblent poursuivre une pensée qui donne à sa physionomie une teinte de mélancolie qui répand un certain charme sur toute sa figure. Une chemise blanche à jabot flottant laisse apercevoir un cou halé par le soleil d'Italie; sa couleur bistre est rehaussée agréablement par un habit marron foncé, du plus bel effet.

Nous avons fort peu de détails sur ses travaux à Rome; son bagage artistique quoique léger, n'est pas sans intérêt.

Je dois aux souvenirs de madame la comtesse de Scott, qui a été son élève, quelques détails sur sa vie et la description d'un tableau qu'il apporta de Rome et qui fut brûlé à Reinegheilst : c'était le combat de David contre le géant Goliath; on y voyait le futur roi des Juifs tenant triomphalement la tête du géant qu'il avait décollée du tronc après l'avoir abattu avec sa fronde. Il la montre aux deux armées qui l'entourent, dont une, consternée, semble courber la tête sous le poids de son humiliation ; l'autre exalte cette victoire par des cris de joie. Le jeune David, les yeux tournés vers le ciel, remercie Dieu de son triomphe.

M. Ruyssen neveu possède encore de cette époque :

1.º Un petit tableau peint sur bois, représentant deux muses et un amour.

2.º Le pendant du précédent où l'on voit l'Amour, Diane et Endymion.

3 º Une esquisse de la Bocca de Verita, composition de trois personnages : une vieille matrone accroupie semble sourire de la crédule confiance d'un jeune homme qui conduit sa fiancée à la fontaine de la Bocca de Verita pour savoir si elle l'aimera toujours.

4.º Une autre esquisse d'un sujet grec dont je n'ai pas compris le sens.

Ce dernier ouvrage parait avoir été fait dans les derniers temps de son séjour à Rome ; le dessin en est très correct.

En outre de tous ces petits tableaux peints, il existe encore de ce dessinateur trois albums remplis de croquis de paysages, de sites qu'il a parcourus et de projets de tableaux qui, aux yeux des connaisseurs, ne sont pas sans mérite.

Avant d'abandonner l'Italie, le jeune peintre en avait parcouru tous les sites, visité toutes les villes, étudié tous les monuments qu'elles renferment, admiré tous les chefs-d'œuvre des arts, emportant des souvenirs, que plus tard, il sut mettre à profit dans la vieille Angleterre où une réputation méritée l'attendait.

Ruyssen partit de Rome le 11 avril 1791.

En revenant d'Italie, il visita la Suisse, suivit le cours du Rhin et enfin, entrant en Belgique, alla sans s'arrêter, au château de Renegheilst, près d'Ypres, séjour habituel de la famille de la Basèque, (un album est rempli de croquis pris sur ces divers lieux). Il y fut reçu comme un frère de plus, aussi la reconnaissance du jeune peintre fut-elle sans bornes. Il donnait des leçons de dessin aux jeunes enfants, parlait peinture avec son noble ami, qui avait puisé chez le prince de Robecq ce goût des arts que les liens d'amitié qui l'unissaient à Ruyssen lui faisaient encore cultiver davantage.

Ils établirent dans le château un atelier de peinture ; Ruyssen voulut l'inaugurer par un tableau de famille de grande dimension, représentant son arrivée au château ; il en existe encore une esquisse chez M. Ruyssen le neveu. On voit le jeune peintre en costume de chevalier romain se jeter dans les bras de son ami ; un domestique chargé d'une malle le suit. La digne madame de la Basèque entourée de ses huit enfants regarde avec attendrissement son mari et semble lui dire : C'est un fils de plus qui nous arrive.

Cette toile, qui a été brûlée lors de l'incendie du château de Renegheilst, n'a de mérite que par la composition et la connaissance profonde que le peintre avait des physionomies qu'il représentait. Si la ressemblance matérielle n'existait point dans toutes ces têtes, les ressorts qui faisaient mouvoir ces âmes étaient mis à nu, et tout cela au moyen de formes et de tons divers qui les caractérisaient. Ce qui le prouve c'est qu'après le sac du château exécuté, dit-on, par les troupes de Vandamme, on découpa de cette toile toute mutilée les têtes qui existent encore au château de Morbecq, chez M. de Beauval.

Après le tableau de famille, Ruyssen peignit l'intérieur de son atelier, dont l'esquisse est encore chez M. Ruyssen neveu. Il paraît qu'il a choisi le moment où son ami lui présente sa famille pour la faire figurer sur le tableau qui éternise son arrivée. La composition en est froide et n'a rien de remarquable

Il existe de cette même époque un tableau représentant un jeune capitaine hongrois. On le voit encore au château de Morbecq, ainsi qu'un beau portrait du prince de Robecq, premier gage d'une reconnaissance sans bornes. Ces toiles aux yeux des connaisseurs ne sont pas sans défauts, mais elles décèlent un beau talent pour le dessin et beaucoup de goût pour les détails.

Pendant ce temps la tempête politique exerçait de plus en plus ses ravages sur notre belle patrie ; des flancs de cet océan d'idées régénératrices, un cataclysme épouvantable entraînait notre royauté dans l'abîme sans fond des révolutions.

La noblesse poussée par le génie malfaisant de la France s'exilait volontairement d'abord; bientôt elle y fut forcée.

Ce fut alors que M. de la Basèque abandonna son château avec toute sa famille pour fuir sa patrie (*).

Ruyssen les suivit en Hollande où ils se refugièrent ; les malheurs du temps ne lui permettant plus de rester à la charge de ses nobles protecteurs, il résolut de passer en Angleterre pour y tenter la fortune.

Cette aveugle déesse ne fut point ingrate envers lui, mais elle l'éprouva cruellement à Londres avant de lui accorder ses faveurs. Le jeune artiste se trouva bientôt dans un dénûment le plus complet; son crayon inconnu restait inactif, personne pour le produire!

A cette époque surtout, où beaucoup d'émigrés français n'ayant que leurs talents pour unique ressource cherchaient

---

(*) D'après une lettre du prince de Robecq, datée de Boochoves du 25 octobre 1793, la famille de la Basèque était partie d'Ypres dans le mois de septembre de cette même année.

à les utiliser, il était difficile de percer. Le vrai mérite, cependant, sut se faire jour à travers tous les obstacles ; il ne suffit à Ruyssen pour réussir que d'être mis un moment en évidence.

M. Laurière, natif d'Hazebrouck, était établi orfèvre à Londres ; son jeune compatriote qui l'avait connu à Paris, le rencontra par hasard. La délicatesse de notre artiste l'empêcha de lui faire part de ses embarras pécuniaires, mais l'argentier devina sa détresse ; il le patrona activement auprès des personnes qui visitaient son magasin et parvint à lui faire avoir quelques élèves : son crayon fit le reste.

La réputation de son talent perça rapidement ; le voile qui le couvrait se souleva et le public accueillit favorablement le jeune artiste qui lui apparaissait à la vérité sous une forme d'enseignement la plus nouvelle et la plus attrayante.

Ruyssen avait apporté de Rome une méthode de dessin d'après les règles de l'anatomie dont il avait fait une étude approfondie. Cette méthode fut publiée à Londres en 1803 ; elle contient vingt-quatre planches in-4.º. J'en ai vu un exemplaire chez M. Ruyssen neveu, à Hazebrouck.

Cet enseignement consiste à mesurer avec un compas fabriqué à cet effet, toutes les lignes courbes qui forment les parties du corps qu'on veut dessiner.

On arrive par ce moyen à une précision mathémathique d'exécution de dessin assez satisfaisante pour émerveiller un public qui ne recherche que la nouveauté sans se rendre compte que dans les arts, le meilleur compas, c'est l'œil et le jugement.

Vous savez qu'une infinité de méthodes, les unes plus ingénieuses que les autres, existent, mais toutes laissent plus ou moins à désirer, elles servent plutôt d'enseigne au professeur pour se faire une réputation que de moyen essentiellement utile à l'art.

Quoi qu'il en soit, la ville et la cour ne parlèrent que du jeune professeur flamand dont la méthode avait fait fortune dans le monde. Elle finit par fixer même l'attention du souverain George III, qui ayant vu de ses modèles, en fut émerveillé.

Je ne puis passer sous silence une anecdote que le public me saura gré de lui communiquer ; elle m'a été contée par quelqu'un qui la tient de Ruyssen.

Laissons parler le jeune peintre :

« Ma méthode courait le monde et je ne croyais point
» qu'elle eut fait tant de chemin en aussi peu de temps, car
» un jour où je m'y attendais le moins, je reçus un message
» de la cour qui me donnait l'ordre de me présenter devant
» le roi.

» Je ne savais trop ce qui m'avait attiré cet honneur et
» j'étais très-embarrassé de savoir ce que pouvait me vouloir
» Sa Majesté. Pendant tout le temps que je mis à parcourir le
» trajet de Londres à Windsor, mon esprit bercé des plus
» douces espérances se complaisait à me glorifier des plus
» belles charges de mon emploi, je me voyais déjà peintre
» du roi, ou du moins chargé d'une commande pour la cour.
» Je voyais mon œuvre à côté de celles de Zuccarelli et du
» divin Vandyck — figurant au château royal, mon cœur gonflait d'orgueil et mon âme s'épanouissait de bonheur à ces
» rêves d'artistes.

» J'arrive au château, en m'introduit dans un salon d'é-
» tude, ou se trouvaient le roi et notre gràcieuse reine, por-
» tant encore le chapeau recouvert d'un voile qui lui servait
» dans ses promenades à pied lorsqu'elle parcourait les jardins
» ou se promenait dans le parc. Les princesses ses filles l'en-
» touraient ainsi que quelques dames d'honneur, que l'émo-
» tion que je ressentais m'empêcha de reconnaître. Le roi me
» dit qu'il était très curieux, ainsi que la reine et les princesses,

» de voir fonctionner mon compas. Je lui répondis que son
» très humble sujet se mettait à ses ordres et qu'il n'avait
» qu'à ordonner.

» Le roi dit à ses enfants : Voyez, que voulez-vous lui voir
» faire? Les jeunes princesses avaient été la veille à l'Opéra
» où elles avaient vu danser une célèbre danseuse qui à cette
» époque était la Taglioni de la nôtre ; elles me dirent en
» riant : Représentez-nous la danseuse? Heureusement, je
» l'avais vue dans le ballet où elle excellait. Je pris mon
» compas et retraçai la sylphide, la pointe du pied touchant
» à peine le parquet, s'élançant dans l'espace où comme
» Zéphire elle voltigeait en balançant avec grâce une guir-
» lande de roses.

» Les jeunes princesses trouvèrent mon dessin charmant,
» il passa de mains en mains, ainsi que mon compas qui fut
» trouvé des plus ingénieux; on loua beaucoup ma méthode,
» et la reine me fit l'honneur de me dire qu'elle me choisissait
» pour enseigner le dessin aux princesses ses filles.

» Ce n'était point ce que j'avais rêvé, mais c'était plus que
» je n'avais jamais osé espérer.

La confiance du roi attira à Ruyssen une renommée si grande que tous les seigneurs anglais, à l'exemple du souverain, voulurent le prendre pour montrer le dessin à leurs enfants, si bien qu'en peu de temps, il acquit une très belle position de fortune.

Tout Londres était remplie de ses modèles que la gravure a reproduits et qui sont vraiment dignes de l'éloge qu'on en faisait, s'il faut en juger par ceux qui nous restent.

M. Ruyssen neveu possède encore 16 planches gravées sur sur cuivre, par Anthony Cardon sur les dessins de Ruyssen, d'après les cartons de Raphaël qui se trouvent à Windsor. Elles représentent Saint-Jean, Saint-Pierre, Saint-Paul, un enfant jouant de la flûte antique, un portrait de Raphaël peint par lui-même, dont l'original est un château de Rochampton. (*)

Que je n'oublie point de très belles grisailles, qui ornent actuellement le cabinet de M. Ruyssen, représentant Thésée et Hippolyte.

Pendant que Ruyssen moissonnait de l'or avec son crayon chez les seigneurs d'Angleterre, les armées françaises franchissant tous les obstacles conquéraient la Hollande, ce qui obligea la famille de la Basèque à fuir plus loin; elle se trouvait au fond de l'Allemagne lorsque nos troupes victorieuses vinrent les relancer une seconde fois. Ne sachant plus où reposer leur tête, et les ressources manquant même aux exilés, Ruyssen qui n'avait jamais cessé de correspondre avec ses bienfaiteurs les attira en Angleterre et leur envoya généreusement l'argent dont ils avaient besoin pour faire ce voyage.

Ce généreux artiste reçut avec bonheur M. de la Basèque, qui ne voulant rien devoir à Ruyssen le remboursa de ses avances, mais jamais de l'intérêt qu'il lui avait témoigné.

Ruyssen resta dans la Grande-Bretagne où il avait acquis une réputation de grand maître dans l'enseignement du dessin, les fréquentations de la cour lui avaient fait prendre les manières les plus distinguées. Elles lui firent ouvrir toutes les portes des grandes maisons où il était même recherché. Joignez à tous ces avantages le bonheur d'avoir contracté des relations intimes avec quelques âmes d'élite et vous aurez une idée de la bonne figure qu'il faisait à Londres.

La princesse Elisa, la meilleure de ses élèves, venait de faire paraître un album dont elle avait composé les dessins et gravé

(*) Il doit exister à Lille une grande quantité de ces dessins qui furent vendus en 1826 par le ministère de M. Ducorroi commissaire priseur. M. Castiaux en avait acheté deux grands cartons qui ont été vendus à quantité de personnes.

les planches ; il est intitulé : Série de dessins sur le pouvoir et les progrès du génie, 24 planches in-folio, Londres 1806. Elle en fit hommage à Ruyssen ; nécessairement, la gloire de l'œuvre rejaillit sur le maître et ajouta à sa réputation.

On dit même qu'on lui avait offert un fauteuil à l'Académie de dessin de Londres que sa qualité d'étranger ne lui permit point d'accepter.

La reine d'Angleterre à cette occasion lui accorda un témoignage éclatant et public de satisfaction pour les leçons qu'il avait données aux princesses ses filles, en lui envoyant son portrait peint par William Buskey, entouré d'un riche encadrement surmonté de la couronne royale. On voit encore chez M. Ruyssen, à Hazebrouck, le portrait et l'ouvrage de la princesse Elisa.

Non seulement Ruyssen avait la réputation d'être bon dessinateur, mais il passait encore pour grand connaisseur en tableaux. Plusieurs seigneurs le chargèrent de faire des choix pour leurs galeries ; ses achats furent heureux, ses appréciations étant toujours justifiées par le mérite de l'œuvre.

Rien ne manqua à la gloire de notre artiste ; le célèbre Flaxman qu'il avait connu à Rome, renoua connaissance avec lui. Ruyssen visitait souvent ses ateliers qui étaient fréquentés par tous ceux qui possédaient le sentiment du beau artistique; il y allait admirer ses chefs-d'œuvre : la fureur d'Athanas exaltait son imagination ; le bouclier d'Achille l'émerveillait, son Cupidon et Psyché émouvait son cœur ; le Saint Michel-Archange, vainqueur de Satan, destiné au comte d'Egremont, imprima à son âme le désir de se vaincre et de comprimer ses passions. Les belles statues du monument de Baring : la Foi, l'Affliction domestique, la Résignation et surtout celle de la Charité, développèrent en lui des sentiments qu'il avait toujours conservés au fond du cœur et qui lui inspirèrent une pieuse reconnaissance pour les bienfaits qu'il avait reçus de la Providence. Il se disait souvent : Qu'aurais-je été si M. de Robecq n'avait pris en pitié ma détresse? Un peintre d'enseignes, un barbouilleur de façades ; il en existe tant qui possèdent le feu sacré dans le monde, il ne s'agit que de trouver pour eux l'être qui allumera leur génie au flambeau de l'étude. Je veux devenir le tutélaire appui des enfants de mon pays ; je veux leur rendre les mêmes faveurs que Dieu m'a accordées dans mon enfance. — Déjà son âme jeune et reconnaissante rêvait à doter son pays d'une école pour les enfants pauvres.

Ruyssen touchait à cette phase de la vie où l'âme désillusionnée aspire au repos, où l'esprit, captivé jusque-là par l'intérêt matériel, l'ambition ou la gloire, ne demande que la tranquille jouissance d'un intérieur paisible et cherche à secouer le fardeau des travaux sérieux pour ne se donner que des délassements agréables, qui flattent ses goûts ou qui remplissent simplement son temps.

Heureux sont ceux qui ont su faire des provisions pour ce moment d'arrêt où l'homme attend le terme de la vie, que l'ennui pour quelques-uns vient accélérer et qui n'est jamais trop prolongée lorsqu'on la sait utiliser pour le bonheur de ses semblables.

Nous étions en 1810 ; le prince de Robecq venait de mourir, laissant à M. de la Basèque, en souvenir des services qu'il lui avait rendus et de l'étroite amitié qui les unissait, le beau château de Morbecque où il avait passé une grande partie de sa jeunesse.

Ruyssen se décida à cette même époque à revoir sa patrie; une perte douloureuse et irréparable à son âge venait de rompre la plus chère affection de son cœur aimant et de bouleverser toute son existence. Dès ce moment le séjour de Londres lui devint pénible, il fallut le fuir.

La vue du pays natal et le bon accueil que lui fit M. de la Basèque lui procurèrent des sensations délicieuses et réveillèrent en lui les sentiments qu'il avait éprouvés dans son jeune âge qui, sans être effacés de son esprit, avaient perdu de leur force. Ils furent ravivés au contact d'un présent qui évoquait avec tant de charmes les souvenirs d'autrefois.

Il resta deux ans dans sa patrie sans se déterminer à venir l'habiter définitivement, mais l'amour du pays l'emporta sur toutes les considérations que les habitudes qu'il avait contractées à Londres lui suggéraient ; il repartit pour cette capitale en 1812, resta un an à réaliser sa fortune et à préparer son changement. Enfin en 1813 il revint pour s'établir définitivement en France.

Dès que Ruyssen fut fixé dans son pays natal, il s'occupa activement à chercher les moyens de se rendre utile à ses concitoyens ; l'idée qui l'avait dominé toute sa vie et qui avait soutenu son courage pendant les ennuis de son long exil lui revint plus vivace que jamais : c'était de payer la dette qu'il avait contractée envers la Providence. Pour l'acquit de sa conscience, il projetait de créer une école d'enseignement gratuit pour les enfants pauvres, où ils auraient puisé toutes les ressources intellectuelles pour réussir dans la vie.

Ce projet si simple en lui même et dont l'exécution parait si facile, il ne lui a pas été possible de le réaliser entièrement quoiqu'il y ait consacré plusieurs des dernières années de sa vie et une somme qu'on élève à plus de cent cinquante mille francs ; tant il est vrai que le bien n'est pas toujours facile à faire.

On le voyait rechercher les occasions de prodiguer les enseignements de son crayon à tous ceux qui en avaient l'envie ou à qui il la faisait naître.

C'était devenu pour lui un besoin.

Il aimait beaucoup les promenades dans les campagnes ; il cherchait à y découvrir quelque génie caché sous l'enveloppe campagnarde ; malheureusement pour lui, le génie est un filon plus rare encore que l'or ; il trouva bien des enfants qui occupèrent ses loisirs mais qui ne répondirent point à son attente; il y eut même un jeune paysan qu'il garda deux ans et qu'il fut forcé d'abandonner.

Son âme cependant ne se décourageait point, il portait aux pieds de Dieu le calice de ses déceptions. En s'abreuvant de ses amertumes il lui demandait la patience et la résignation nécessaire pour vaincre tous les obstacles qu'on rencontre dans la vie quand on y poursuit un but humanitaire.

Son esprit exalté par les difficultés d'exécution de son projet favori, pour me servir de l'expression d'un très respectable ecclésiastique qui me parlait de lui, se jeta dans la dévotion, il devint d'une piété exemplaire.

Il traina cette existence ascétique jusques en 1820 ; son ami M. de la Basèque pour le distraire, l'avait fait nommer adjoint au maire de Morbecque dont il administrait la commune comme premier magistrat.

Rien ne put le détourner de ses projets.

A cette époque, un ancien établissement scolaire situé au Mont des Kattes fut mis en vente. C'était l'ancien pensionnat des Antonins qui avait joui dans son temps d'une réputation méritée. Ruyssen l'acheta, ainsi qu'une partie des terres qui l'environnaient.

Par suite de l'exaltation de ses idées religieuses, son humilité ne lui permit point pour le diriger de s'élever au-dessus de ce qu'il y avait de plus humble dans la hiérarchie de l'enseignement et en même temps de plus dévoué aux enfants des pauvres.

Il choisit pour accomplir son dessin les frères de la doctrine chrétienne ; il en demanda trois au directeur de Saint-Omer, qu'il rétribua de ses deniers.

Il se trouva que les bons frères, ne pouvant enfreindre leur règle, ne purent point recevoir de pensionnaires; la population de cette contrée n'étant point assez considérable pour qu'un enseignement gratuit y fit grand bien, les frères voulurent abandonner le pays.

Ruyssen pour remplir dignement la tâche qu'il s'était imposée engagea les frères à persévérer ; il s'adjoignit de bons maîtres et ouvrit un pensionnat dont il fut le directeur.

En même temps que les frères faisaient l'instruction gratuite des enfants pauvres, lui, cherchait dans une classe plus élevée des hommes qui pourraient un jour se rendre utiles. Son zèle ne se refroidit point pendant deux ans et demi qu'il exerça; il y forma plusieurs élèves qui plus tard lui ont fait honneur. Je citerai dans ce nombre : MM. Plichon, de Scott et son neveu M. Ruyssen.

Son art favori ne fut point négligé, il donnait même pendant le temps de la récréation des leçons de dessin à tous ceux qui voulaient en prendre ; il avait constamment sur lui le compas de son invention pour tirer toutes les sortes de lignes courbes ou droites. Son crayon était si facile qu'il traçait à chacun son modèle tout en corrigeant et en causant familièrement avec ses élèves.

L'exaltation de ses idées avait soutenu jusque-là son courage, cependant ses forces s'épuisaient : une tristesse inconnue à son caractère gai, assombrissait la sérénité habituelle de sa physionomie, on voyait le découragement percer à travers les efforts qu'il faisait pour remplir la tâche qu'il s'était imposée. Il aspirait plus que jamais au repos qu'il était venu chercher dans son pays natal. Le digne doyen d'Hazebrouck, qui dirigeait sa conscience, eut occasion de voir le frère Olympiade, frère quêteur de l'abbaye du Gard ; dans une conversation intime, il lui fit part de la détresse où se trouvait l'ame de son pénitent.

Le frère Olympiade en revenant à son couvent, en parla au respectable dom Germain, supérieur de la Trappe qui crut que

Dieu lui fournissait une occasion pour agrandir l'action civilisatrice du troupeau qui lui était confié.

Le doyen d'Hazebrouck (*) fut mis dans la confidence des projets de dom Germain. Des pourparlers eurent lieu, une négociation s'entama entre M. Ruyssen et les Trappistes don M. le curé fut l'intermédiaire. Enfin on finit par arrêter que le couvent du Gard (**) enverrait une colonie composée d'un personnel de pères et de frères pour prendre possession du Mont des Kattes sous la condition qu'ils élèveraient gratuitement les enfants des pauvres de la contrée.

Ruyssen y consentit et fut très heureux de cet arrangement. Il fit construire une petite maison où il alla rester, mais il se réserva un appartement à la Trappe pour venir s'y édifier.

Cependant dom Germain dans l'ardeur de son zèle s'était engagé témérairement et Ruyssen en acceptant sans réflexion les bons offices des Trappistes avait oublié que le silence étant la première loi de leur règle, il y avait incompatibilité avec l'enseignement.

Ruyssen les releva bientôt de cette clause impossible à remplir, il en fut dédommagé d'une manière bien satisfaisante pour l'humanité : Au lieu d'aller à la recherche des génies qui auraient pu éclore au Mont des Kattes par les lumières de l'éducation, ce qui eut été trop problématique, ces frères laborieux s'appliquèrent à fertiliser le pays, ce qui vaut mieux·

(*) L'auteur de cette notice peut affirmer la véracité de ces faits ; il s'est trouvé à cette époque, à plusieurs reprises, chez le digne chanoine Rifflard de Béthune, où le respectable dom Germain et le frère Olympiade recevaient comme lui l'hospitalité, lorsqu'ils négociaient cette donation avec M. le doyen d'Hazebrouck, à qui le chanoine servait d'intermédiaire.

(**) L'abbaye du Gard n'existe plus depuis la construction du chemin de fer d'Amiens à Abbeville; les Trapistes, sous la conduite de leur abbé dom Germain, ont été s'établir à *Septfons,* diocèse de Moulins.

La Providence lui a fait dépasser le but en lui suggérant l'idée d'établir dans un pays inculte et dont l'aridité éloignait les populations, une communauté religieuse agricole qui, par l'exemple qu'elle montre tous les jours de la patience la plus persévérante à lutter contre les difficultés d'un terrain ingrat, a donné l'élan aux pauvres malheureux de ces contrées que ses aumônes y ont attirés.

De paresseux qu'ils étaient lorsqu'ils comptaient seulement sur le pain du couvent pour se nourrir, ils sont devenus de laborieux cultivateurs quand ils ont vu qu'on pouvait par le travail le demander à la terre qui a fini par leur rendre avec usure.

Celui qui a vu il y a trente ans ces campagnes incultes et qui les parcourt maintenant est frappé du mouvement civilisateur qui s'y est opéré et des riches productions agricoles qui croissent sur ce sol jadis si ingrat et maintenant d'une fertilité remarquable.

Ruyssen dégagé de tous ses devoirs envers les hommes ne pensa qu'à se rendre agréable à Dieu qui l'avait si manifestement protégé pendant toute sa carrière.

Ses visites à la Trappe devinrent plus fréquentes, il y suivait scrupuleusement toutes les pratiques religieuses des Trappistes. Par la contemplation, sa belle âme s'élevait jusqu'au ciel où elle aspirait, par ses aumônes, son cœur aimait encore à se rapprocher de l'humanité.

Quand il était à sa maison des champs, on le trouvait bon, affectueux et compatissant pour tous ceux qui l'approchaient.

Il aurait voulu enseigner son art à ces bons paysans qui n'en avaient que faire ; son compas errait encore sur le sable de la montagne cherchant à reproduire des compositions qui se pressaient en foule dans son cerveau et que le souffle du vent détruisait à l'instant.

Mais son âme résignée ne murmura jamais de l'injustice des hommes, qui alla dans les derniers temps de sa vie, jusqu'à traiter de folie l'acte qui maintenant constitue sa gloire la plus solide et le fera aller plus sûrement à l'immortalité que les œuvres de son crayon, qui s'effaceront de leur mémoire.

En effet, l'on doit avoir bien mérité des hommes lorsqu'on leur a préparé un abri contre le dégoût de la vie ; quand on se fait propagateur d'un ordre que Rancé, dans la sainteté de sa mâle ferveur, institua pour les âmes fortement trempées qui viennent se briser au choc de leurs passions, où l'abnégation de l'individualité est poussée jusqu'à l'anéantissement le plus complet du passé, où le crime et la vertu peuvent se confondre sans se heurter, où le cœur le plus pervers trouve un refuge contre le remords, où les passions les plus tumultueuses se calment par la prière, où le repentir se noie dans l'oubli, où la vertu tourne en habitude, le travail en besoin et la contemplation de Dieu en récompense.

Dans l'état d'agitation fiévreux où la société se trouve, il est très heureux, dis-je, que de semblables refuges existent ; ils doivent épargner bien des suicides.

Ruyssen avait fait ses adieux au monde sans pour cela abandonner ses amis ; il recevait avec bonheur M. de la Basèque dont l'amitié lui fut toujours précieuse ; ce dernier venait le visiter souvent, à sa maison des champs, en compagnie de quelques dignes ecclésiastiques. Il y recevait aussi les membres de sa famille et particulièrement son neveu qu'il affectionnait en père.

Enfin, un jour qu'il avait été heureux de recevoir tous ceux que son cœur chérissait, après avoir édifié les pères de la Trappe par la ferveur de ses prières et de sa sincère piété, Dieu l'appela subitement à lui.

Son office funèbre eut lieu à la paroisse du village de Godewaersvelde sur le territoire duquel était située sa maison.

Il fut enterré chez les Trappistes ; sa tombe est dans leur église au milieu du chœur des frères convers.

On voit inscrit sur la pierre tumulaire qui la recouvre cette inscription :

A LA MÉMOIRE

DE

NICOLAS-JOSEPH RUYSSEN, PEINTRE D'HISTOIRE, NÉ A HAZEBROUCK,
LE 17 MARS 1757, ÉLÈVE DE L'ÉCOLE FRANÇAISE, A ROME,
PROFESSEUR DE DESSIN DES PRINCESSES D'ANGLETERRE,
FILLES DE GEORGE III, DÉCÉDÉ DANS CETTE
MAISON, QU'IL AVAIT FONDÉE, LE 17 MAI 1826.

Priez Dieu pour son âme.

Les Trappistes reconnaissants envers leur donateur voulurent posséder son portrait, qui actuellement orne le réfectoire des étrangers. Il est représenté devant son chevalet.

Ce tableau est une copie ; l'original, peint par Senave de Bruges, est chez M. Ruyssen à Hazebrouck.

Tel a été l'homme dont je viens d'esquisser la vie. Sans être un génie dans son art, il était, certes digne de l'honneur que lui a fait notre société des Sciences et Arts de le classer parmi les enfants du Nord qui ont honoré leur pays. Sans déparer le tableau il peut figurer avec honneur dans la trilogie d'artistes qui ont été jusqu'ici glorifiés par cette société, qui, à tant de titres, a bien mérité du monde artistique et savant en mettant successivement au concours les vies de Wicar le peintre, de Roland le sculpteur et de Ruyssen le dessinateur.

L'auteur de cette notice aurait voulu que Ruyssen eut trouvé un panégyriste plus digne que lui de faire ressortir tout son mérite ; il déplore plus que tout autre que ses connaissances dans son art ne l'aient pas mis à même de montrer sous un jour plus favorable toute sa valeur artistique. Avec quel bonheur il aurait développé la théorie du dessinateur et en eut fait l'application aux œuvres de son artiste. Comme il se serait complu, en vous faisant parcourir tous les sites que Ruyssen a dessinés, à vous montrer l'ordonnance de ses plans dans le paysage, la fermeté de son crayon dans les lignes architecturales, la souplesse des contours au tracé des montagnes, l'air qui circule dans les arbres et le jour qu'il se ménage dans tout cet ensemble.

Avec quelle jouissance extatique il aurait fixé votre attention sur les divers croquis que renferment son album et qui sont de véritables tableaux de genre, pris sur les lieux et tracés d'après nature.

Le premier qui aurait attiré ses regards est un jeune pâtre italien conduisant sa bien aimée à l'autel de l'hymen; ils rencontrent sur leur passage une femme aveugle qui montre, reposant sur sa poitrine, une madone qui doit leur porter nécessairement bonheur ; un enfant assis sur un escabeau leur présente une sébile pour y déposer leur offrande.

Il aurait convenu bien bas, que le jeune dessinateur était de l'école de David, qu'il avait imité ses défauts dans la pose et non ses beautés, mais que la proportion du berger était noble et mâle, et l'ensemble de la fiancée moins flexible que délicat; que le porte-sébile possédait cette incertitude de formes convenable à l'enfance ; que le dessin en était correct, le trait ferme, les draperies souples et bien posées et que le *tout ensemble* était enveloppé de ce tissu mystérieux invisible à la plupart des spectateurs destinés seulement à jouir des beautés qui en résultent.

Je voudrais que des connaisseurs impartiaux pussent parcourir comme moi un de ces albums où je trouve vingt paysages pris sur les lieux et plus de douze sujets de tableaux de genre qu'il a esquissés d'après nature.

On jugerait d'après ces prémices de son talent, s'il a pu se rendre digne plus tard de la réputation qu'on lui a faite.

Quant à celle que ses qualités du cœur lui ont acquise, elle est incontestable; elle passera à la postérité aussi pure qu'était son âme.

FIN.

www.ingramcontent.com/pod-product-compliance
Lightning Source LLC
Chambersburg PA
CBHW060917050426
42453CB00010B/1783